Género Ficción histórica

Pregunta esencial

¿Qué experiencias pueden cambiar la forma en que te ves a ti mismo y al mundo que te rodea?

El maestro Rodríguez

Violeta Villalba
ilustrado por Gil Robles

Capítulo 1

Primeras letras

Son las seis de la mañana, comienza otra semana. Abro un ojo y es cierto: hoy es el primer día de escuela. Aún me cuesta creer que las vacaciones hayan terminado. Mi madre me llama por segunda vez:

—¡Jerónimo!

—Ya voy, madre, ya voy —le respondo con un ojo cerrado.

Este año, mis padres han decidido cambiarme de escuela. Ahora iré a una llamada Primeras Letras de Caracas. Mientras camino hacia allá, pienso en lo que me encontraré y se me hace un nudo en el estómago. Me pregunto por qué decidieron mis padres cambiarme de escuela y no encuentro una razón lógica. Solo me dijeron que esta es diferente. ¿Cómo será?

Llego y me disgusta lo que veo. Entro en un salón ubicado en un primer piso y me sorprende el desagradable panorama. Hay muebles de estudio desvencijados, pocos libros, paredes agrietadas, pero siento alivio cuando los niños me sonríen y preguntan: ¿Cómo te llamas? ¿De qué escuela vienes? ¿Te gusta jugar trompo?

Aquí compartimos las mesas y mi compañero se llama Jacobo. Me dice que hoy conoceremos al nuevo maestro que nos enseñará latín, castellano, aritmética e historia. El director Pelgrón lo presentará en unos minutos.

Jacobo no para de hablar y me cuenta que el año pasado un niño hizo girar su trompo durante todo el descanso; desde entonces, nadie ha podido superarlo. Incrédulo, le pregunto cuánto dura ese recreo, pero no alcanza a responderme porque el director Pelgrón entra en el salón acompañado de un hombre fornido y de orejas grandes. Todos nos ponemos de pie de un tirón.

"¡Qué maestro tan joven!", pienso.

—Jóvenes —dice el director Pelgrón—, les presento al señor Simón Rodríguez, su nuevo maestro.

Antes de que podamos musitar una palabra de bienvenida, el director continúa hablando y le pregunta a Jacobo:

—¿Qué día es hoy?

—30 de mayo de 1791, señor Pelgrón —le responde Jacobo.

—Guarden en sus memorias este honorable día, pues estoy seguro de que de hoy en adelante su vida académica, e indudablemente su perspectiva del mundo, cambiarán —afirma el director Pelgrón.

Todos quedamos boquiabiertos sin dejar de observar al maestro Rodríguez. Ya empiezo a intuir por qué mis padres me dijeron que esta escuela tenía algo especial…

—Buenos días, maestro Rodríguez —decimos todos a coro.

—Buenos días, pequeñas mentes del mañana —nos saluda el maestro.

Su voz retumba y me da la impresión de que las paredes se agrietan más. No parece un maestro apacible; sus facciones son fuertes aunque sus ojos reflejen un hombre gracioso.

—Bueno muchachos, los dejo en excelente compañía —continúa el director Pelgrón—. Ah, se me olvidaba decirles que también tenemos un estudiante nuevo: Jaime… José… Jeremías…

—Jerónimo, director Pelgrón —le aclaro con amabilidad.

—Sí, ¡Jerónimo! Denle todos la bienvenida a su nuevo compañero —ordena el director mientras camina hacia la puerta, no sin antes dirigirle una última ojeada a quien se convertiría en nuestro mentor y nuestro amigo.

—¡Bienvenido, Jerónimo! —exclaman todos con energía, incluso el maestro Rodríguez, lo que me parece inusual.

Nos volvemos a sentar y el maestro recorre el salón con la mirada: observa la pobre biblioteca, toca los muros, abre la ventana y se asoma al punto donde se cruzan dos calles, justo en la esquina de Veroes y Jesuitas. Allí se encuentra la casa esquinera donde funciona nuestra escuela. Después se sienta en su silla, que cruje cada vez que él se mueve.

De pronto, el señor Rodríguez habla:

—¿Creen ustedes que existe alguna relación entre la historia, la aritmética, el castellano y el latín?

Detective del lenguaje	**Busca un adjetivo numeral en esta página.**

Todos nos quedamos mudos.

—Tendrán que acostumbrarse a mis preguntas, jóvenes. ¿Quién se anima a responder?

—Tal vez el castellano tiene palabras del latín, ¿no? —afirma uno.

—Muy bien, ¿alguien más? —pregunta de nuevo.

—Para memorizar las fechas de todas esas guerras, ¡hay que saber aritmética! —dice con entusiasmo y en tono risueño otro de mis compañeros, quien nos contagia su risa y, en un segundo, el salón se convierte en una risotada colectiva que incluye al maestro Rodríguez.

—Excelente —dice el maestro cuando se calma la marea de risas.

—Y la historia envuelve todo lo demás… —digo yo, con timidez.

—Exacto, Jerónimo. Debemos conocer la historia del mundo y, por supuesto, nuestra propia historia.

Ese día regreso a casa con una sonrisa de oreja a oreja. El nuevo maestro no solo recordaba mi nombre, también nos había dejado la tarea más interesante que he tenido: hacer nuestro árbol genealógico y descubrir de dónde venimos.

Capítulo 2

Hay que ser preguntón

Esa misma noche, durante la cena, comienzo a hacer la tarea de historia. El maestro nos dio dos semanas para dibujar el árbol genealógico, el cual debe bifurcarse en dos ramas principales: mi madre y mi padre. Debe alcanzar, además, la máxima extensión posible. Las fuentes de consulta serán, obviamente, mis padres. Las instrucciones del maestro son muy precisas: "Niños, ¡sean muy preguntones!". Cuando me siento a la mesa, a conversar con mis padres, las palabras del maestro aún resuenan en mis oídos.

Mientras me tomo la sopa, les pregunto a mis padres sus datos básicos: apellidos completos, edad, ocupación, música, comida y libros favoritos. Se me ocurre preguntarles por sus libros, para hacer más interesante la investigación y conocer un poco más a mis padres. Es la excusa perfecta.

Al comienzo, mis padres se sienten incómodos con las preguntas, pues no entienden por qué deben ayudarme a hacer la tarea. Es posible que la transición de la otra escuela a esta, no les esté gustando mucho. Allá consultaba los libros de la biblioteca, solo, sin preguntarles nada. Sin embargo, me ayudan y me cuentan muchas historias interesantes de su infancia. Cuando nos comemos el postre, se turnan para contarme anécdotas de la bisabuela, el tatarabuelo, el tío soldado y la prima que quería ser marinera.

La conversación es tan divertida que la prolongamos durante una semana, siempre a la hora de la cena. Al cabo de dos semanas, completo mi indagación y, lo mejor de todo, consolidamos un hábito familiar: las charlas nocturnas.

El día que debíamos entregar el árbol genealógico, el maestro nos pregunta:

—¿Qué tal su labor de detectives? Veo que hicieron la tarea.

Todos estamos entusiasmados y sobre las mesas se pueden ver los dibujos y las anotaciones.

—Maestro —digo con entusiasmo—, ahora sé que mi tatarabuelo también se llamaba Jerónimo y que fue un gran médico.

Después, poco a poco, mis compañeros comentan lo que han averiguado de sus familias. El maestro Rodríguez organiza la clase y escribe en el pizarrón los descubrimientos familiares más asombrosos.

Así transcurren las clases del señor Rodríguez, en medio de preguntas y respuestas, de debates y mesas redondas, de juegos y reflexiones. Por ejemplo, en aritmética, resolvemos problemas divertidos: el maestro trae monedas y billetes y jugamos como si fuéramos comerciantes. Otras veces salimos al jardín y organizamos concursos: él nos pide que calculemos el número de hojas de un arbusto o de piedrecillas en un área demarcada con una cinta roja.

En castellano, escribimos rimas, poemas, acertijos y obras de teatro; cantamos canciones que nos alegran el corazón y nos ayudan a aprender, al mismo tiempo, las conjugaciones en pretérito pluscuamperfecto y en futuro perfecto. Las clases del señor Rodríguez son tan interesantes que, incluso, facilitan la comprensión del latín. ¡Mi clase preferida es la de historia!

Otra fecha inolvidable, como diría el director Pelgrón, es el 2 de mayo de 1793. Una mañana, como cualquier otra, estamos a punto de entrar al salón de clases. Unos bostezan, otros juegan con trompos y perinolas; otros más hablan de su desayuno. Cuando el primero de la fila abre la puerta del salón, todos exclamamos: ¡Huy! ¡El maestro ha comprado muebles de estudio nuevos para todos!

Mis compañeros y yo estamos felices porque sabemos que el maestro Rodríguez nunca dejará de sorprendernos y que seguirá siendo un enigma para todos. Lo que más nos gustan son sus métodos de enseñanza y que nos haga sentir personas importantes.

Él nos habla en tono dulce y severo a la vez. Nos dice que una buena mesa, un buen libro, un buen maestro y un buen alumno son una combinación sublime. Él es una persona única, maravillosa, ¡fenomenal! Nos enseña a ser generosos. Por ejemplo, organiza una campaña y les regalamos muchos libros, abecedarios y cartillas a los estudiantes más pequeños de la escuela.

En sus clases, nos pregunta con insistencia sobre todo cuanto nos enseña; cuestiona lo que no entendemos y hace que investiguemos constantemente en la biblioteca.

—Jóvenes del mañana —dice el maestro Rodríguez con entusiasmo—, ustedes son los protagonistas de su propia historia y pueden cambiar el rumbo del mundo. Todos son importantes, todos deben aportar un grano de arena. ¡Es su responsabilidad!

—Pero hay niños que no pueden ir a la escuela —dice uno de mis compañeros con tristeza.

—Esa situación es la que debemos cambiar, porque la educación es un derecho.

Sus palabras, como siempre, permanecen en mi mente y luego yo las comento con mis padres en la mesa del comedor.

Detective del lenguaje

¿Qué función tiene la raya en la oración subrayada?

Capítulo 3

Buen viento y buena mar

Mi paso por la escuela de Primeras Letras está a punto de culminar, para pasar a una nueva etapa llamada Escuela de Gramática. Después de haber pasado cuatro años con el maestro Rodríguez estoy seguro de que mis compañeros y yo estamos preparados para lograr cosas significativas. Yo quiero seguir estudiando y ser historiador.

El último año en la escuela ha estado lleno de acontecimientos importantes. Una mañana de agosto, el señor Rodríguez llega al salón con un niño de más o menos doce años de edad, de baja estatura, delgado y con nariz aguileña.

—Jóvenes, tengo el honor de presentarles a Simón Bolívar.

—¡Bienvenido, Simón! —decimos todos al unísono.

—El joven Bolívar nos acompañará un tiempo —nos dice mientras le hace señas de que se siente a mi lado.

Durante el descanso, el niño nuevo y yo conversamos. Él me cuenta que está viviendo en casa del maestro Rodríguez porque él es su tutor temporal. Después hablamos de asuntos más divertidos, de las palabras raras que usa el maestro, de los juegos que utiliza para enseñarnos los temas más enredados y de su frase favorita: “enseño a aprender”.

Obviamente, le pregunto de dónde viene, pero no alcanza a responderme porque en ese momento se acerca un niño con un balón bajo el brazo y nos pregunta:

—¿Quieren jugar?

—¡Claro que sí! —respondemos Simón y yo.

En segundos estamos jugando a la pelota con un montón de niños de la escuela. La llegada de Simón me recuerda mi primer día en esta escuela, hace cuatro años. Me alegra que tengamos un compañero nuevo y que los demás niños lo hayan recibido tan bien como a mí.

Agosto, septiembre, octubre pasan, y Simón Bolívar y yo nos volvemos muy buenos amigos: él me ayuda con las tareas de castellano y yo le explico aritmética. Una mañana falta a la escuela, pero tenemos tantas obligaciones, que no le alcanzo a preguntar al señor Rodríguez la razón de su ausencia. Esa noche, al sentarnos a la mesa, mis padres notan que estoy preocupado y me preguntan qué sucede.

—Hoy Simón no fue a la escuela —respondo—, ¿estará enfermo?

—Sí, hijo, tal vez esté enfermo —responde mi madre.

—¿Y si no vuelve? —pregunto con preocupación—. Recuerdo que el maestro nos dijo que "nos acompañará un tiempo".

—Es posible, amor —dice mi madre con cariño y paciencia—. Quizá vaya a otra escuela o se mude a otra ciudad.

—Pero lo voy a extrañar, es un buen amigo.

—Hijo, aunque las personas sigan su camino, la amistad perdura y, con el tiempo, te darás cuenta de lo mucho que aprendiste de él —dice mi padre poniendo su serena mano en mi hombro. Después de esta breve charla, comemos en silencio.

Al día siguiente, el maestro Rodríguez confirma mis sospechas: Simón no volverá a asistir a la escuela. La conversación con mis padres me preparó para la despedida, así que asumo la noticia de manera apacible y tranquila. Este adiós también es un preámbulo de las despedidas que se avecinan en nuestro último año en la escuela.

Aunque insistimos, el maestro no explica con detalle la ausencia de Simón, solo dice que son situaciones que entenderemos cuando crezcamos.

El señor Rodríguez también se irá. Unas semanas después de la partida de Simón, en la última clase de castellano, nos anuncia su viaje y la noticia nos deja fríos.

—Maestro Rodríguez, ¿por qué se va? —pregunta uno de mis compañeros.

—Hay asuntos que debo resolver por mí mismo —responde.

—¿Y qué piensa hacer? —pregunta otro de mis compañeros.

—Me voy de viaje y si todo sale bien, desembarcaré primero en Jamaica. ¿Quién sabe algo de Jamaica?

—Es una isla —dice otro estudiante.

—Sí, es esta isla —ratifica el maestro y señala un punto en el mapa que ha traído.

Jamaica es una pequeña porción de tierra en medio del mar —digo yo, con algo de tristeza.

—¡Va a viajar en barco! ¡Qué gran aventura! —exclama el único compañero entusiasta.

—Es una aventura que tiene una razón de ser. Voy a seguir trabajando para que todos los niños reciban educación. Recuerden que solo estudiando serán libres.

Esta es su última clase. Su entusiasmo y sus palabras me reconfortan, pero no puedo dejar de sentir desconsuelo, tristeza y desazón. Mientras lo veo alejarse, confirmo que quiero estudiar historia cuando sea mayor y ser un gran maestro, como el maestro Rodríguez.

Resumir

Usa los detalles más importantes de *El maestro Rodríguez* para resumir el cuento. Puedes usar el organizador gráfico como ayuda.

Evidencia en el texto

1. ¿Cómo sabes que el cuento *El maestro Rodríguez* es ficción histórica? Identifica dos características que lo indiquen. **GÉNERO**

2. ¿Cómo describe Jerónimo su nueva escuela y a su nuevo maestro? **COMPARAR Y CONTRASTAR**

3. ¿Qué significa la palabra *sublime* en la página 10? Lee las oraciones que la rodean para determinar su significado. **CLAVES DE CONTEXTO**

4. Escribe acerca del cambio de perspectiva de Jerónimo en relación con su nueva escuela y el nuevo maestro. **ESCRIBIR SOBRE LA LECTURA**

Género **Ficción realista**

Compara los textos

Lee acerca de un niño que descubrió algo nuevo sobre sus habilidades musicales.

Redobla el tambor para Julián

Mario, el nuevo amigo de Julián, se sentó a la mesa de la cocina a comer pastelitos calientes y a hablar de música con los padres de Julián. Estaba conversando sobre ritmo y acento, la clase de cosas que Julián jamás había sido capaz de descifrar.

Casi todos los días, Julián soñaba con ser músico, como el resto de su familia. Había intentado tocar distintos instrumentos y había tomado clases de teclado, violín, guitarra, clarinete y chelo. En realidad ¡ninguno funcionó para él, ni siquiera la flauta dulce, tan fácil de tocar!

El hecho era que parecía que jamás podría aprender algo. La situación era muy extraña porque el resto de los miembros de su familia tocaban casi cualquier instrumento que pudieras imaginar.

Julián suspiró y miró alrededor de la habitación. Había recordatorios de música por todos lados. La tela del sofá tenía notas musicales impresas y de las paredes colgaban certificados musicales enmarcados. Los atriles se agrupaban en la esquina de la habitación y una guitarra descansaba en su soporte, junto al piano. En una familia como la de Julián, la falta de habilidad musical, lo hacía sentir algunas veces como si fuera un extraterrestre.

—Bueno, mejor me voy al ensayo de la orquesta —le dijo Mario a Julián—. ¿Quieres venir conmigo y esperar hasta que termine? Después podemos ir al entrenamiento de fútbol.

Julián recogió su bolsa de deportes y siguió a Mario. Cuando llegaron al salón de los ensayos de la orquesta, Julián dijo que esperaría afuera, pero Mario lo invitó a entrar.

—Quizá te guste lo que escuches —dijo.

Illustration: Carlos Aon

Unos minutos más tarde, Julián presenció algo totalmente distinto a cualquier presentación de orquesta a la que hubiera asistido. Los músicos golpeaban con las palmas de sus manos la piel de los tambores africanos mientras los bailarines saltaban como si el suelo estuviera hecho de carbón al rojo vivo. La escena de la pintura del fondo, con colinas africanas, marrones y anaranjadas, capturaba el ambiente perfectamente. Mientras la energía de la música corría a través de su cuerpo, Julián quería aplaudir y bailar.

Cuando Mario saltó de la plataforma y recogió su bolsa de deportes, Julián seguía llevando el ritmo.

—Genial tamboreo, Mario —dijo—. ¿Está bien si tomo clases?

Julián sonrió. Después de todo ¡sí tenía gusto musical! Solo esperaba encontrar el instrumento correcto.

Haz conexiones

¿Qué cambió la perspectiva de Julián con respecto a su habilidad musical en *Redobla el tambor para Julián*? **PREGUNTA ESENCIAL**

Compara las experiencias que cambiaron a Jerónimo en *El maestro Rodríguez* y a Julián en *Redobla el tambor para Julián*. ¿En qué se parecen? ¿En qué se diferencian? **EL TEXTO Y OTROS TEXTOS**

Enfoque:
Elementos literarios

Lenguaje figurativo Los escritores utilizan el lenguaje figurativo cuando comparan un objeto o una persona con algo más. Esto se puede hacer de varias formas, por ejemplo, utilizando metáforas, símiles, personificaciones u onomatopeyas.

Lee y descubre En la página 8 de *El maestro Rodríguez*, el narrador dice: "Cuando el primero de la fila abre la puerta del salón, todos exclamamos: ¡Huy! ¡El maestro ha comprado muebles de estudio nuevos para todos!". Con una onomatopeya expresa la sorpresa de los estudiantes al entrar al salón. En la página 14, el narrador usa una metáfora para expresar la preocupación de los estudiantes: "La noticia nos deja fríos". En la página 19, en *Redobla el tambor para Julián*, el autor usa un símil para describir los saltos de los bailarines: "como si el suelo estuviera hecho de carbón al rojo vivo".

Tu turno

Busca tres ejemplos de lenguaje figurativo en el texto. Muestra con un dibujo cómo serían si se escribieran literalmente. Convierte tus bocetos en ilustraciones a todo color, para recordarle a todos que usen lenguaje figurativo en sus escritos.

Rincón literario

Ficción

CríticaMENTE

Personajes

¿Quiénes son los personajes principales de *El maestro Rodríguez*?

¿Quiénes son los otros personajes?

Ambiente

¿Dónde sucede *El maestro Rodríguez*?

¿Cuándo ocurre?

Secuencia de los sucesos

¿Qué ocurre primero, después, luego y al final de *El maestro Rodríguez*?

Conclusiones

¿Qué concluyes de la manera que una experiencia puede cambiar tu punto de vista?

Haz conexiones

¿Alguna vez has cambiado tu opinión de un lugar, una actividad o un tipo de música? ¿Qué conexiones personales puedes hacer con estos cuentos?

Nuevas perspectivas

GR U • Benchmark 50 • Lexile 810

MaravillasMHE.com

MHID 0-02-126682-4
978-0-02-126682-1

Cuento de hadas

Los dragones y las palomitas de maíz

Marcela Villegas-Gómez
ilustrado por Diego Díaz

ESTRATEGIAS Y DESTREZAS

Comprensión

Estrategia: Hacer predicciones

Destreza: Comparar y contrastar

Vocabulario

comparación, contemplar, diversión, elegir, expectativas, guiarse, misión, revelar

Número de palabras: 2,849

mheducation.com/prek-12

Send all inquiries to:
McGraw-Hill Education
Two Penn Plaza
New York, New York 10121

ISBN: 978-0-02-126697-5
MHID: 0-02-126697-2

Printed in China.

4 5 6 7 DSS 21 20 19 18

C